Primeiros 1.000 inscritos no YouTube

Feito por Bruno Ambrósio

Introdução:

   Neste livro, eu vou te ensinar/explicar como eu, Bruno, consegui os primeiros 1.000 inscritos no meu canal do YouTube de forma simples e eficiente.

Dedicação:

Dedico este ilustre livro a minha família.

Capítulo 1 – Cavalo de Troia

De início, vou contar o que de fato pode estar acabando com o seu canal...

- E o que é?

Você mesmo!

- Por quê?

Porque simplesmente você é quem faz tudo, e se algo está errado, você é quem fez, e quando a própria pessoa faz algo errado, é muito difícil ela afirmar o seu próprio erro!

- Então, como eu posso achar os meus erros?

Perguntando para pessoas com um bom senso crítico, analisando áudio, vídeo, thumbnail...

- Tá legal, mas por que você começa o seu livro falando de seus próprios erros?

Porque a grande maioria das pessoas não enxerga os seus próprios erros, assim como eu era. Sendo assim, você é a origem do seu sucesso ou fracasso.

- E qual foi o seu erro?

Eu comecei com um canal de entretenimento, sendo que eu sou nada engraçado!

- E o que você fez?

Parei de publicar vídeos, pois eu tinha muito trabalho para editar, fazer thumb... e, ao final, poucas pessoas assistiam. Os meus próprios parceiros davam dislikes e eu só tinha 50 inscritos.

- Se você parou de publicar, como você chegou nos 1.000 inscritos?

Eu criei um novo canal (com um nicho diferente), onde eu ensino matemática básica a milhares de pessoas de uma maneira simples e eficiente, um canal sem nenhum traço com entretenimento, ou seja, foi uma grande mudança. E é por isso que eu vou te ensinar/explicar como conseguir seus primeiros 1.000 inscritos.

- Legal!

Capítulo 2 – Descanso

Em novembro de 2017, eu parei de gravar/postar vídeos no YouTube. Como mencionei no começo do livro, meus próprios parceiros me zoavam e não recomendavam meu canal.

Isso me desmotivou muito, então eu decidi dar um tempo.

Abril de 2019

Depois de um bom tempo parado, eu me dediquei bastante aos estudos.

Na escola, eu me via como um gênio matemático, pois todos me chamavam de calculadora humana (eu realizava diversas contas mentalmente na aula).

Isso me motivou bastante a criar uma página no Facebook, onde eu postava semanalmente alguns desafios matemáticos bobos e divertidos.

E eu continuei estudando e postando desafios durante meses e meses.

Depois de 6 meses, eu vi que a minha página estava se tornando até que grande, pois chegava na marca de 3.000 curtidas/seguidores, essa marca me deu a seguinte visão:

- Se eu consegui chegar a essa marca de curtidas, então eu consigo ter um canal no YouTube com 1.000 inscritos, somente com a minha página.

Moral do Capítulo – Eu mudei para outro nicho, do qual eu gostava e sabia muito do assunto.

- Quando você tem o talento e vontade, nessa hora aparecem as oportunidades!

Capítulo 3 – Começando do Zero

Com uma conta antiga de e-mail, criei um novo canal, chamado Curso de Matemática, porém não havia postado nenhum vídeo.

Mesmo assim, compartilhei meu canal nas minhas mídias sociais. Impressionantemente, em menos de 1 semana, eu já tinha 50 inscritos, o número de inscritos do meu antigo canal (com 2 anos de vídeos).

Empolgado, peguei uma câmera e gravei um vídeo, sem contar para ninguém, pois eu não queria que as pessoas ao meu redor me zoassem/desmotivassem.

Fiz um vídeo simples, uma edição rápida e a thumbnail era uma foto do vídeo.

Nesse vídeo eu resolvi uma expressão numérica.

O YouTube é ligado com todas as mídias, ou seja, quanto mais você entrelaçá-las, maior será o seu engajamento e, com isso, você irá bombar na internet (cedo ou tarde).

Sendo assim, na parte do Facebook, eu já tinha uma boa página. Além disso, com um pensamento ambicioso, criei grupos e grupos com temas relacionados ao meu canal. Mais tarde, esses grupos somados davam dezenas de milhares de pessoas. Apareceu uma nova oportunidade, onde eu poderia compartilhar meus vídeos diariamente nesses grupos, sem tomar spam ou bloqueio dos administradores, porque eu era o próprio dono deles.

Capítulo 4 – O Lema da Galinha

"De pouquinho em pouquinho a galinha enche o bico."

A cada semana, eu postava no mínimo 1 vídeo, sempre no mesmo horário e dia, sexta-feira, às 16 horas, sempre compartilhando-as em minhas mídias sociais. O Facebook era a minha principal.

De pouquinho em pouquinho eu ganhava meus inscritos, com uma meta de 3 inscritos por dia, que quase sempre era batida.

Observação: Sempre é interessante você colocar metas em sua vida, pois você tentará ao máximo superá-las.

Desta forma, eu passei dos 70 inscritos no primeiro mês, e assim eu caminhava para os meus primeiros 100 inscritos.

Capítulo 5 – 100 Inscritos

Meus tão sonhados 100 inscritos: um marco histórico que me motivou mais ainda.

Insista, persista e nunca desista.

Minha meta antiga de 3 inscritos por dia passou para 6, pois eu divulgava meus vídeos somente via Facebook, e agora, o próprio Youtube divulga meus vídeos (outra porta/oportunidade se abriu para mim).

Comecei a procurar mais mídias sociais para divulgar meu trabalho, e assim me apareceram o Instagram, TikTok, Telegram, dentre outras redes sociais.

Muito interessante você utilizar essas mídias como fonte de engajamento e inscritos

Observação: Faça bons vídeos, porque não adianta nada chamar as pessoas a verem o seu conteúdo e ficarem decepcionadas, isso promoverá uma chuva de dislikes. Além disso, crie thumbnails chamativas, mas não faça clickbait.

Capítulo 6 – Hackeando as Mídias Sociais

Neste Capítulo, vou contar alguns macetes superespeciais para você "hackear" as redes sociais.

Facebook –

Grupos:

Nos grupos do Facebook, você consegue dar boas-vindas aos novos membros, ou seja, é uma oportunidade de chamar essas pessoas (relacionadas ao seu canal do YouTube) a se inscreverem.

Matemática Fenomenal

🔒 Grupo Privado · 49,9 mil membros

Sobre   Discussão   Avisos   Salas   Membros   Mídia   Arquivos

---

Membros · 49.874

Novas pessoas e Páginas que participarem desse grupo aparecerão aqui. **Saiba mais**

🔍 Encontrar um membro

 **Curso de Matemática**
Site educacional · 9.111 pessoas curtiram isso

Novos membros desta semana

Você tem 216 novos membros esta semana. Escreva uma publicação para dar as boas-vindas e eles.

Escreva uma publicação de boas-vindas

Novos membros desta semana

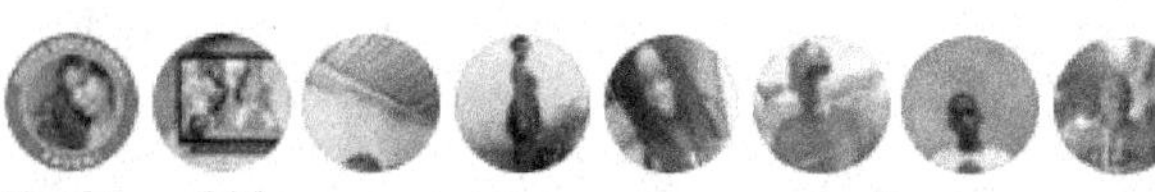

Você tem 216 novos membros esta semana. Escreva uma publicação para dar as boas-vindas a eles.

Escreva uma publicação de boas-vindas

Curso de Matemática compartilhou um link.
19 h · 🌐

Vamos dar as boas-vindas aos nossos novos membros e se inscrever em nosso Canal do YouTube https://www.youtube.com/c/CursodeMatemática:
Amelia Covane

Coloque seu canal na descrição do grupo!

Nos grupos você pode fixar postagens! Poste seus vídeos lá, e também publicações para as pessoas se inscreverem em seu canal.

Postagens:

Utilize/crie páginas no Facebook, pois muitas pessoas seguem essas páginas e também compartilham as publicações.

Instagram –

Crie publicações para as pessoas assistirem os seus vídeos, consequentemente, elas irão se inscrever no seu canal e também ficar engajadas.

Telegram –

Crie um grupo ou um canal, poste seus vídeos lá, e também publicações para as pessoas se inscreverem em seu canal.

Capítulo 7 – A Bênção das Redes Sociais

Após alguns meses, seguindo uma rotina diária de compartilhamentos e postagens (em diversas redes), eu já tinha 900 inscritos, era uma questão de tempo para chegar nos meus primeiros 1.000 inscritos.

Na parte da manhã, eu administrava os grupos e compartilhava meus vídeos via Facebook e Telegram, tendo em média 250 visualizações e 10 inscritos por dia.

Finalmente, finalmente e finalmente eu alcançaria a minha meta inicial!

Capítulo 8 – 1.000 Inscritos

Finalmente!

 CRIAR 

Estatísticas do canal

Inscritos atuais

1.000

Aumento de 223 nos últimos 28 dias

Resumo

Últimos 28 dias

Visualizações | 5,2 mil ↑ 410%

Tempo de exibição
(horas) | 135,7 ↑ 340%

Recebi este e-mail:

A pandemia da Covid-19 me ajudou indiretamente a crescer, pois muitas pessoas começaram a consumir mais ainda conteúdos digitais, como vídeos, cursos, e-books...

No dia, eu agradeci meus inscritos, foi bem legal!

1.000
Inscritos!

Capítulo 9 – Anúncios – Gerando Lucro

Cheguei na marca dos 1.000 inscritos, todavia eu não ganhava dinheiro com o canal.

Com uma certa ambição, criei um e-book de matemática básica (conteúdo pago, que me gerava uma renda). Eu usava meu canal de marketing. Mais tarde, eu criei um curso.

Detalhe: meu livro está disponível na própria Amazon.

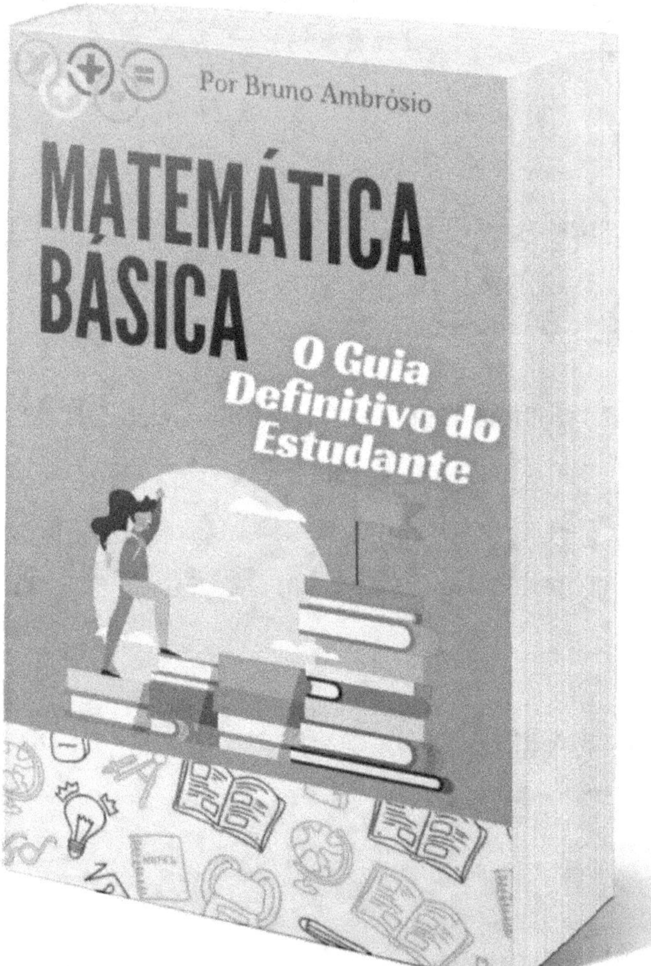

Por Bruno Ambrósio
MATEMÁTICA
BÁSICA
O Guia
Definitivo do
Estudante

Ganhando dinheiro, pude anunciar meu canal em todas as plataformas digitais, como o próprio YouTube, o que me geraria mais tráfego (visualizações), consequentemente, faria mais pessoas se interessarem e acharem o meu conteúdo pago e gratuito na internet.

Fiz este processo várias e várias vezes.

Capítulo 10 – Progressão

Com o passar do tempo, eu pude perceber que as mídias digitais funcionam como progressões, tanto geométricas quanto aritméticas, só depende exclusivamente de você!

As visualizações cresciam exponencialmente, o que me acarretaria em mais vendas do meu conteúdo pago. Eu sempre reinvestia parte do dinheiro, formando um ciclo do bem.

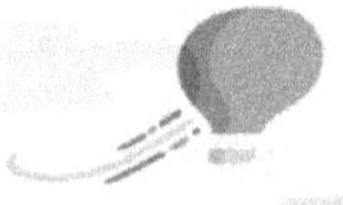

Parabéns! As visualizações do seu canal subiram 107% devido, principalmente, ao maior número de pessoas assistindo vários dos seus vídeos fora do YouTube.

SAIBA MAIS

Seu canal teve 10.702 visualizações nos últimos 28 dias

2.559
Inscritos

2.099
Visualizações · Últimas 48 horas

Independentemente, o que você pensa em fazer ou se já está fazendo, eu, Bruno, desejo-te toda a sorte do mundo para crescer o seu Canal/Negócio.

Um Grande Abraço!